 Klein, Martin: Betreten verboten! :

Der 9-jährige Leo möchte mit seinem großen Bruder Philipp mithalten und auf der verbotenen Baustelle seine Tapferkeit beweisen: ein spannendes Buch über Mut und Geschwisterkonkurrenz für geübte Leser der 4. Klasse.

Betreten
der Baustelle
verboten
Eltern haften für ihre Kinder

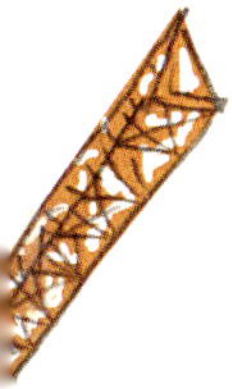

Inhalt

1. Die Baustelle

Leo ist auf dem Weg nach Hause. Er hat den Nachmittag bei seinem besten Freund Simon verbracht. Unterwegs kommt er immer an einer Baustelle vorbei. Ein großes Gebäude wächst dort in die Höhe. Manchmal bleibt Leo stehen und schaut, was sich tut. Heute tut sich nichts mehr. Die Baustelle ist menschenleer. Leo schlendert gemächlich weiter. Aus dem Augenwinkel nimmt er im ersten Stock des Rohbaus eine schnelle Bewegung wahr. Leo bleibt stehen. Eine Sekunde später ist eine Gestalt in der Luft. Sie breitet Arme und Beine aus wie ein Fallschirmspringer. Für einen Augenblick scheint sie die Schwerkraft zu besiegen. Dann verschwindet sie hinter Baustellenmaterialien. Leo horcht gebannt auf den Aufprall, aber es ist nichts zu hören.

Eine zweite Gestalt taucht aus dem Rohbau auf. Sie beugt sich hastig über den ungesicherten Rand des Fußbodens in die Tiefe.

„Alles klar, Mann?“, ruft sie mit seltsam krächzender Stimme. „Alles okay?“

Die Antwort ist ein heiseres Röcheln. „Ich bin total hinüber! Alles gebrochen! Hol die Typen mit der Bahre!“

„Mach keine dummen Witze!“ Die Stimme der Gestalt im ersten Stock flattert. „Du bist okay, stimmts?“
„Was denn sonst, Alter!“ Lautes Gelächter ertönt. „Nicht mal Fliegen ist schöner!“
„Echt, Mann?“
„Ich schwöre! Na los! Komm schon.“
„Ganz schön hoch.“
„Nee, sieht bloß so aus. Bis zur Spitze vom Sandhaufen sinds keine zwei Meter.“
„Mehr nicht?“
„Nee, guck doch selbst!“
„Okay, ich komme! Nehme nur noch ’n bisschen Anlauf!“ Leo beobachtet gespannt, wie die obere Gestalt abdreht und im Gebäude verschwindet. Mit hohem Tempo taucht sie wieder auf. Im letzten Moment aber bremst sie ab und gerät an der Absprungkante ins Schlingern. Sie rudert heftig mit den Armen und findet schließlich das Gleichgewicht wieder.
„Ey, Alter, was machst du denn da?“, kommt die

Stimme von unten. „Was sollte das denn werden? Bremsballett oder was?!"

Die zweite Gestalt grinst verlegen. „Ich guck mir die Sache lieber erst noch mal von unten an."

Leo hat die beiden längst erkannt. Es ist sein großer Bruder Philipp, der soeben fast das Gleichgewicht verloren hat; und der waghalsige Springer ist dessen bester Freund Murat. Leo schaut sich um. Das Gelände ist durch hohe Drahtgitter abgesperrt. Doch an einer Stelle hat jemand ein Zaunelement aus dem Betonsockel gehoben und einen schmalen Durchlass geschaffen. Leo schlüpft hindurch. Er läuft zwischen hoch aufgetürmten Paletten aus Mauersteinen und an einem Haufen aus Betonstahl vorbei. Die langen, rostigen Stangen sehen aus wie ein Mikadospiel für Riesen. Dahinter stößt Leo auf einen riesigen Sandhaufen. Philipp und Murat sitzen ganz oben und schauen zu ihm hinunter.

Philipp betrachtet seinen kleinen Bruder missmutig. „Betreten der Baustelle verboten, Zwerg!", sagt er. „Lesen kannst du doch schon, oder nicht?"

Philipps Stimme überschlägt sich merkwürdig. Die ersten Silben hören sich an wie das Schreien eines heiseren Esels, während die nächsten wie das Kieksen einer verschnupften Opernsängerin klingen.
„Ich gratuliere“, sagt der Vater von Philipp und Leo manchmal zu Hause zu diesen Misstönen. „Du bist im Stimmbruch, mein Sohn. Das kann vorkommen, wenn man dreizehneinhalb ist.“
Leo wünscht sich oft, so alt wie Philipp zu sein. Lässig würde er seinen großen Bruder in die Tasche stecken. Im Armdrücken, beim Wettrennen, beim Essen, im Rechnen und Schreiben, im Abends-lange-Aufbleiben – bestimmt wäre er überall vorn. Doch er ist nun mal erst neuneinhalb und vier Jahre sind keine Kleinigkeit.
„Was macht ihr hier?“, fragt Leo die beiden auf der Spitze des Sandbergs.
„Das geht dich nichts an“, kiekst Philipp.
„Wir spielen im Sand.“ Murat rollt prustend den Sandhaufen hinab und landet grinsend neben Leo.
Der zeigt auf den Rohbau direkt hinter ihnen und wendet sich ab.
„Ich schau mich mal da drinnen um.“
„Auf keinen Fall!“ Philipp schüttelt den Kopf. „Da gehst du nicht rein. Das ist nichts für Zwerge.“

„Ach, komm, Alter“, sagt Murat. „Sei mal nicht so verspannt. Wenn er nun schon hier ist …“

„Wenn er abschmiert, bin ich dran!“, protestiert Philipp.

„Ich schmiere nicht ab“, sagt Leo. „Pass du lieber auf, dass du nicht das Gleichgewicht verlierst.“

Da wird Philipp rot.

Leo genießt es, das Gerüst zu betreten, die Leitern hinaufzuklettern und durch den Rohbau zu spazieren. Es macht ihm nicht mal etwas aus, dass sein großer Bruder es ihm verbieten wollte. Philipp und Murat kommen hinter ihm her. Philipp überholt Leo hastig. Die Anwesenheit seines kleinen Bruders stachelt ihn an. Kaum sind sie im ersten Stock, bläst er die Wangen auf und peilt mit wildem Blick den Sandhaufen an. „Attacke!“

Philipp rennt los, als ginge es um den Weltrekord. An der Kante kneift er die Augen zu und verschwindet mit einem spitzen Schrei. Einen Augenblick später klopft er sich ein Stockwerk tiefer lässig den Sand

1. Fall: Was stimmt?

Leo wünscht sich oft,

so cool wie Philipp zu sein.

—••

von der Kleidung. Nur sein roter Kopf passt nicht ganz dazu und die Stimme gehorcht ihm noch nicht wieder.
„Be-be-besser als Bungee-Jumping!“, stottert er und reckt beide Daumen in die Luft.
Oben klatscht Murat Beifall. Leo steht neben ihm und spürt fast widerwillig, dass er Philipp bewundert.
„Aber nicht nachmachen, Leo!“, ruft Philipp. „Auf keinen Fall, hörst du. Das ist nichts für dich.“
Leo sagt nichts.
In den nächsten Minuten schauen Leo und Philipp zu, wie Murat ein ums andere Mal hinunter in den Sand springt.
Schließlich sagt Murat: „Allmählich wirds langweilig, oder?“ Er reibt sich nachdenklich das Kinn. „Was hast du vorhin gesagt, Mann? Bungee-Jumping? Das klingt gut. Das wollten wir doch schon lange mal machen. Vielleicht kriegen wir hier so was hin.“ Er beginnt sich umzuschauen. „Ha!“, ruft er schließlich und zeigt steil in die Höhe. „Seht ihr? Alles wird gut. Da oben ist die Lösung. Bungee-Spaß, wir kommen!“

---

so groß
wie Philipp zu sein.

•• – –

so alt
wie Philipp zu sein.

– •••

Philipp und Leo schauen ratlos nach oben. Murat deutet auf einen wuchtigen Stahlträger. Er befindet sich an der höchsten Stelle des Rohbaus und ragt weit über das Mauerwerk im zweiten Stock hinaus.
„Ich versteh kein Wort“, sagt Philipp.
Leo betrachtet die Sache eingehend – und plötzlich ist ihm Murats Plan klar. Der will da oben ein Seil befestigen und sich anschließend daran runterstürzen! Ein Schauer jagt Leo über den Rücken. Ein Schauer von der aufregenden Sorte. Das gewisse Kribbeln, das von der Spannung herrührt, Gefährliches und Unerlaubtes zu tun.
„Ich mache mit“, sagt er.
„Du machst nicht mit!“ Philipps Ton ist scharf wie ein geschliffenes Messer.

„Ich mache mit." Leo zuckt die Achseln und tut ungerührt. „Pech für dich. Der Zufall hat es so gewollt, dass ich gerade vorbeikam. Da kann man nichts machen."

„Da hat er recht, Mann", sagt Murat. „Das nennt man Schicksalsgemeinschaft oder so."

Philipp knurrt etwas in sich hinein. Es ist nur halb zu verstehen, aber es handelt von dem scheußlichen Schicksal, einen kleinen Bruder zu haben, der einem nachspioniert und einem alles nachmachen will.

Murat bringt ihn mit einem aufmunternden Rippenstoß zum Schweigen. „Nächstes Mal bringe ich ein passendes Seil mit!"

„Ein elastisches?", fragt Leo. Sofort setzt das Kribbeln wieder ein, noch stärker als zuvor. Er sieht sich schon vor dem Rohbau auf und nieder hüpfen wie ein Gummiball.

Murat schüttelt den Kopf. „Nee, Mann, so eins hab ich nicht."

„Aber ohne Gummiseil wird es doch kein echtes Bungee-Springen", sagt Leo.

„Hör mal zu, Löwe." Murat tippt Leo vor die Brust und Philipp verzieht leicht das Gesicht. Er würde seinen kleinen Bruder nie ‚Löwe' nennen. Seine Bezeichnungen lauten ‚Zwerg', ‚Kleiner' und in besonders

harten Fällen ‚Klon'. Das hat mit Clown nichts zu tun. Philipp meint damit: Nachmacher.
Murat zeigt in den zweiten Stock des Rohbaus. „Pass auf, Löwe: Wenn wir uns von da oben an einem Seil rausschwingen, ob elastisch oder nicht, und wenn wir dann am höchsten Punkt loslassen und 'ne Flugeinlage in den Sand hinlegen, dann haben wir wohl fürs Erste Bungee-Spaß genug. Oder meinst du nicht?"
„Doch", sagt Leo.
„Und jetzt gehen wir ein bisschen Basketball spielen!" Murat stößt Philipp an, der mit verkniffenem Gesicht zugehört hat.
„Aber ohne den Zwerg", sagt Philipp.
„Ich wollte sowieso nicht mitkommen!" Leo schneidet seinem älteren Bruder eine kurze Grimasse und macht sich davon.

2. Der Vorsichtige

Am nächsten Tag verbringt Leo den Nachmittag wieder bei Simon. Am Abend aber sind sie zum Pizzaessen bei Leos Eltern verabredet. Auf dem Weg dorthin redet Leo weiterhin in einem fort von Murats Plan: „Die Sache ist voll einfach. Man nimmt ein bisschen Anlauf, pass auf, so ungefähr, und dann …"
Leo rennt über den Bürgersteig Richtung Rinnsteinkante. Mit beiden Händen umklammert er ein unsichtbares Seil. „… Waaooh!"
Leo schwingt sich elegant über die Kante hinweg in die Luft. Er lässt das unsichtbare Seil los, wirft die Arme in die Luft, zappelt mit den Beinen und landet sicher auf dem Asphalt. „Nicht mal Fliegen ist schöner!"
Die beiden erreichen die Baustelle. Die Abendsonne wirft schon lange Schatten. Leo nimmt das Gelände sorgfältig in Augenschein. Er muss sicher sein, dass Philipp und Murat nicht hier sind. Er ruft sogar ihre Namen und horcht lange auf Antwort. Dann erst schlüpft er durch den Durchlass. Simon zögert.
„Na los", sagt Leo von der anderen Seite.
„Da darf man aber nicht rein." Simon zeigt auf ein gelbes Warnschild mit schwarzem Schriftzug:

Betreten der Baustelle verboten!
Eltern haften für ihre Kinder.

„So ein Schild hängt an jeder Baustelle“, erklärt Leo. „Auch, wenn es da gar nichts Verbotenes oder Gefährliches gibt. Das ist nicht so gemeint.“

„Wie ist es denn gemeint?“, fragt Simon.

„Ach, das steht nur für die Versicherung da.“

„Was für eine Versicherung?“

„Die Versicherung der Baufirma natürlich. Das ist dasselbe, wie wenn an irgendeinem Trampelpfad das Schild steht: ‚Betreten auf eigene Gefahr‘. Obwohl es weit und breit gar keine Gefahr gibt.“

„Hm.“

Leo grinst verschwörerisch. „Das schreiben die nur, damit sie nicht das Krankenhaus bezahlen müssen, falls eine Oma ausrutscht oder so, verstehst du?“

„Aber ‚Betreten auf eigene Gefahr‘ ist doch nicht dasselbe wie ‚Betreten verboten‘“, sagt Simon. „Und das hier ist kein Trampelpfad, sondern eine Riesenbaustelle.“

Leo seufzt. Es hört sich ein wenig an wie das Seufzen seines großen Bruders.

„Los jetzt!“ Leo greift durch das Baugitter und zupft an Simons Hemd. „Da ist niemand mehr. Und es ist überhaupt nicht gefährlich, ich schwöre es.“

Vorsichtig bückt Simon sich durch die Lücke im Bauzaun und die Freunde laufen zum Rohbau. Mit seinem grauen Beton und den vielen Metallstützen wirkt er ein wenig unheimlich, obwohl nun warmes Abendlicht auf ihm liegt.

„Wie eine Ruine“, sagt Simon. „Keine Fenster, keine Türen, und überall ragen rostige Eisenstangen raus.“

„Das ist bei jedem Neubau so, das ist doch gerade das Spannende daran“, erwidert Leo. Er deutet auf den Sandhaufen. „Der gehört dazu.“

„Wozu?“

„Na, zu der Anlage, die wir erfunden haben.“

Simon wendet den Blick vom Sandhaufen zur Fassade. Zwei Stockwerke ragt der Bau in die Höhe, plus Erdgeschoss. Die Seitenwände fehlen an vielen Stellen noch. An drei Seiten ist das Gebäude von Baugerüsten umrahmt. Vorne aber sichern nur ein paar festgeklemmte Bretter vor dem Abgrund.

„Komm, wir steigen mal rauf“, sagt Leo. Er zeigt auf die Leitern in den Baugerüsten.
„Aber da darf man nicht drin rumklettern.“
„Wieso nicht?“
„Tu nicht so unschuldig“, brummt Simon. „Denk an das Baustellenschild.“
„Da steht: ‚Betreten verboten‘. Von ‚Leitern hochklettern verboten‘ steht da nichts, oder?“
Wenig später stehen die beiden im zweiten Stock und lugen nach unten. Zwischen ihnen und der Tiefe befinden sich nur die paar behelfsmäßig angebrachten Bohlen.
Der Sandhaufen sieht merkwürdig geschrumpft aus. Außerdem beginnt er nicht unmittelbar am Fuß des Gebäudes, sondern erst in ein bis zwei Metern Entfernung.
„Das ist nicht hoch, stimmts?“, sagt Leo. „Das Klettergerüst auf dem Spielplatz neben der Schule ist höher.“
Simon schüttelt den Kopf.
„Doch“, sagt Leo.

2. Fall: Wer sagt im Lauf der Geschichte folgenden Satz? „Nicht mal Fliegen ist schöner!“

Murat und Leo

• • —

Simon mustert den wuchtigen Träger aus Stahl, der über ihnen aus der Decke ragt.
„Wie soll man da ein Seil befestigen?“
„Na, von oben natürlich.“ Leo zeigt erst auf die Betondecke über ihnen und dann auf die Gerüstleiter, die hinaufführt. „Ganz einfach. Man setzt sich einfach ganz gemütlich auf das Ding drauf, rutscht nach vorn und knotet den Strick fest.“
„Und wer macht das?“, fragt Simon.
„Murat natürlich. Der ist schwindelfrei und klettert wie'n Eichhörnchen.“
„Aber wenn man das Seil zu früh loslässt, trifft man nicht den Sandhaufen, sondern knallt auf den Boden“, sagt Simon.
„Man muss ein bisschen Anlauf nehmen“, erklärt Leo. „Dann kann nichts passieren.“
„Wir sind schon spät dran“, sagt Simon und zieht seinen Freund weg. „Lass uns gehen.“
Als sie die Straßenecke erreichen, wo der Weg nach links zu Leo und nach rechts zu Simon führt, bleibt Simon stehen. Leo beschleunigt seine Schritte.

Murat und Philipp

••••

Leo und Philipp

••

„Mann, habe ich jetzt Hunger. Die Pizza wartet! Komm, wir geben Gas!“
„Ich gehe zu mir. Ist schon so spät.“
„Hey, es gibt Pizza!“
„Hab keinen Hunger.“
Leo schaut Simon forschend an. Keinen Hunger auf Pizza, ihr gemeinsames Lieblingsgericht? „Pizza Hawaii“, sagt Leo.
Simon zuckt die Schultern. „Philipp kannst du sagen, dass ich meine Stücke an dich abtrete.“
„Danke. Wird ihn zwar nicht kümmern, aber trotzdem.“
Die Freunde verabschieden sich. Leo schaut Simon hinterher. Nach ein paar Schritten dreht der sich noch einmal um: „Ich würde nicht springen.“
„Wieso nicht?“
„Weil es gefährlich ist.“
„Gefährlich?! Quatsch!“ Leo lacht laut. „Du musst nur im richtigen Moment das Seil loslassen, nichts weiter.“
„Und was ist, wenn du den richtigen Moment verpasst?“
„Wie willst du den verpassen?

Oder verpasst du den Moment, die Schnürsenkel loszulassen, wenn du deine Schuhe zugebunden hast?“
„Trotzdem“, sagt Simon.
„Schaust du’s dir denn wenigstens an, wenn ich springe?“
„Mal sehen.“
„Wir sind Freunde“, sagt Leo. „Vergiss das nicht.“
„Nee, bestimmt nicht.“ Über Simons Gesicht huscht ein Lächeln. „Tschüss, bis morgen!“ Er hebt zum Abschied eine Hand und läuft los.
„Und nicht vergessen“, ruft Leo hinterher: „Kein Wort zu irgendwem!“
Zum Zeichen des Einverständnisses hebt Simon einen Arm. Er tut es nachlässig, um zu zeigen, dass er Leos Bemerkung als überflüssig ansieht. Als er schon ziemlich weit weg ist, dreht er sich noch einmal um: „Und nicht vergessen …“
„Was denn?“, ruft Leo zurück.
„Es ist gefährlich!“
Leo grinst. Simon nun wieder. Er ist halt ein Schisser. Ein netter natürlich, aber ein Schisser. Leo grinst noch, als er die Haustür erreicht. Er kann fast nicht aufhören damit, obwohl es nicht wirklich Spaß macht. Vielleicht weil das Grinsen sich anfühlt, als würde es zu Philipp gehören.

3. Der Nachmacher

Der Baustellenbesuch hat länger gedauert als geplant. Im Flur streift Leo die Schuhe ab, ohne die Hände zu Hilfe zu nehmen, und befördert sie nacheinander mit lässigen Kicks ins Regal.
Aus dem Esszimmer hört er Stimmen und das Klappern von Besteck. Seine Eltern, Philipp und Murat sitzen schon beim Abendessen. Murat ist oft zu Gast.
„Wer kommt wie immer zu spät?“, kräht Philipp, kaum dass Leo die Tür geöffnet hat. „Der Zwerg! Hast du dich verlaufen oder bist du unterwegs in ’n Gully gerutscht?“
Leo hat den Mund schon geöffnet, um die außer Kontrolle geratene Stimme seines Bruders nachzuahmen. Es ist ein sicherer Weg, Philipp zur Weißglut zu bringen.
Diesmal unterdrückt Leo den Wunsch im letzten Moment. Er beschließt Philipps Spott einfach zu überhören. Schließlich ist er zu spät zum Abendessen gekommen. Da ist es besser, nicht noch mehr aufzufallen. Wortlos steuert Leo seinen Platz an.
„Philipp, lass bitte die intelligenten Bemerkungen sein“, sagt sein Vater.
Philipp brummt irgendetwas Unverständliches.

„Hallo, Löwe. Alles klar?“ Murat streckt Leo die rechte Faust entgegen. Leo tut dasselbe und ihre Fäuste berühren sich leicht an den Knöcheln.
„Alles wird gut“, sagt Leo.
„Exakt.“ Murat grinst.
Murat behandelt Leo oft fast partnerschaftlich. Deshalb mag Leo ihn. „An meinem großen Bruder ist nur eins richtig gut“, sagt er manchmal zu Simon. „Sein Freund Murat.“
„Hallo, Bungee-Klon“, flüstert Philipp so leise, wie es seine außer Kontrolle geratene Stimme zulässt.
Leo schießt einen gefährlichen Blick auf ihn ab und wendet sich zu seiner Mutter. „’tschuldigung. Hätte echt nicht gedacht, dass es schon so spät ist.“
„Zwischendurch mal auf die Uhr schauen hilft ungemein“, sagt Leos Vater. „Was war denn los?“
„Nichts Besonderes“, erwidert Leo.

„Hast du Simon nicht mitgebracht?" Die Mutter hält Ausschau Richtung Flur.
Leo schüttelt den Kopf. „Der wollte lieber nach Hause."
„Trotz Pizza?", fragt die Mutter erstaunt. „Habt ihr euch etwa gestritten?"
„Nee, gar nicht", versichert Leo. „Er hatte einfach keinen Hunger."
„Dann esse ich seine Portion!", verkündet Philipp und greift nach dem Pizzablech.
„Pfoten weg!" Leo zieht das Blech blitzschnell weg. „Ich soll dir von Simon ausrichten, dass er seinen Anteil auf jeden Fall an mich abtritt!"
„So viel schaffst du sowieso nicht, Kleiner!" Philipp langt weit über den Tisch, um die Pizza zurückzuerobern. „Im Übrigen hat der andere Zwerg genauso wenig zu sagen wie du."
Leo hält das Blech so weit wie möglich vom Tisch weg und schirmt es zusätzlich mit dem Oberkörper gegen Philipps ausgestreckte Arme ab.

3. Fall: Warum hatte Simon wohl keine Lust mehr auf Pizza?

Weil er wütend ist auf Leo.

– • • –

„Weg da, Klon!“, knurrt Philipp und boxt Leo in die Seite, versteckt und ziemlich fies. Leo zuckt heftig zusammen. Das Blech rutscht ihm aus der Hand und poltert zu Boden. Pizzastücke rutschen auf die Holzdielen. Schinken-, Ananas- und Käsestücke verteilen sich im Raum.

„Seid ihr verrückt geworden?!“, tobt der Vater.

Die Mutter schüttelt den Kopf. „Ich glaub das einfach nicht!“

„Der Klon ist schuld!“, kiekst Philipp.

„Wenn du mich noch einmal so nennst!“ Leo japst vor Wut. „Dann …“

„Leute, entspannt euch“, sagt Murat, doch seine Worte gehen unter wie ein Tauchring im Schwimmerbecken.

„Was ist dann?!“, schreit Philipp und seine Stimme wickelt sich um drei Oktaven.

„Ruhe!“, schreit der Vater dazwischen.

„Dann?!“, krächzt Philipp hämisch noch einmal und beugt sich noch weiter vor.

„Jetzt reichts!“ Energisch zieht der Vater seinen älteren Sohn an den Schultern zurück.

Weil er ein mulmiges Gefühl hat.

•••

Weil er beleidigt ist.

– –

„Klar, jetzt bin ich wieder schuld!“ Philipp reißt sich los und springt auf. „Er kriegt die ganze Pizza! Er darf mich Angeber nennen! Er darf zu spät kommen, wie’s ihm gerade passt, und wenn mir das passiert, ist die Hölle los! Und er darf mich von oben bis unten nachäffen! Und ich darf mich nicht mal wehren!!“
„Das stimmt doch gar nicht!“, schimpft der Vater. „Jetzt wirfst du einfach alles durcheinander!“
Die Mutter macht einen zaghaften Schlichtungsversuch: „Beruhigt euch erst mal.“
„Wer hat heimlich gehauen und gekniffen wie’n Mädchen, hey?!“, ruft Leo finster dazwischen.
Das bringt Philipp noch mehr in Fahrt: „Alles muss er mir nachmachen! Er plappert alles nach: ‚Alles wird

gut! Alles wird gut!‘ Er zieht das Gleiche an wie ich! Er guckt die gleichen Sendungen wie ich! Er geht in den gleichen Verein wie ich! Er trägt die gleiche Frisur wie ich! Fehlt bloß noch, dass er zur gleichen Zeit zum Klo geht wie ich! Er ist Nachäffer von Geburt, versteht ihr, schwachsinniger Nachmacher. Ein Klon ist er, das ist es, was mich aufregt, und nicht die dämliche Pizza, wieso kapiert ihr das nicht!“
Philipp bricht ab.
„Ich bin kein Klon, du Kleinhirn“, sagt Leo.
Philipp öffnet den Mund zu einer Erwiderung, aber der Vater schneidet ihm mit einer heftigen Geste das Wort ab.
„Ruhe jetzt! Ich will nicht, dass einer meiner Söhne den anderen beschimpft, kapiert? Egal, wer wen und womit. Ist das klar?“
„Klar“, zischt Philipp. „Alles klar.“
Plötzlich ist es im Zimmer sehr still. Dann geht Philipp zur Tür, knallt sie hinter sich zu und trampelt die Treppe zu seinem Zimmer hinauf, jeder Schritt ein heftiger Tritt.
Leo verlässt das Esszimmer ebenfalls. Die Tür schließt er extra sachte.
Murat schaut mit verdutztem Gesicht auf die leeren Stühle. „Weg sind sie“, sagt er. Er lächelt schief und

liebenswürdig. „Ich glaube, ich gehe dann besser mal nach Hause. Ich wollte sowieso nach dem Essen gehen. Ich schwöre!“ Murat hebt drei Finger der rechten Hand.

„Sind deine Brüder und du auch solche Kindsköpfe?“, fragt der Vater. „Sei ehrlich.“

„Wir?“ Murat schaut den Vater treuherzig an und grinst. „Oh, nein. Niemals. Schönen Abend noch.“

Einen Moment später stehen die Eltern allein im Zimmer. Abwechselnd schauen sie sich an und betrachten die Pizza auf dem Boden.

„Weißt du, was ich denke?“, fragt der Vater.

Die Mutter nickt. „Du denkst, du bist im falschen Film.“

„Genau.“

„Du bist aber im richtigen. Nur ist er nicht immer gut.“

Gleichzeitig bücken die beiden sich und beginnen die Pizza aufzusammeln.

„Großes Kino ist was anderes“, seufzt der Vater. „Das hier ist schlimmer als eine Dokusoap.“

4. Fall: Was ist ein Klon tatsächlich?

ein moderner Clown

•–•

Er nimmt ein Stück Käse vom Boden und steckt es in den Mund.
Die Mutter greift nach einem Stück Schinken. „Mmm, da klebt sogar etwas Teig und Tomate dran. Und immer noch ein bisschen warm. Lecker."
Sie krabbelt auf allen vieren auf ihren Mann zu und gibt ihm einen Kuss.
„Alles wird gut", sagt sie und lächelt.
„Was denn sonst", erwidert er und liest Ananasstücke auf.

ein im Labor gezeugtes Schaf

–·–·

die Nachbildung eines genetisch gleichen Lebewesens

–

4. Der Vormacher

An diesem Abend verlässt Leo sein Zimmer nur noch zum Pinkeln und Zähneputzen. Zuvor horcht er an der Tür, ob jemand im Flur ist. Er hat keine Lust, heute noch einen Menschen zu sehen. Doch spät am Abend, als die Eltern ins Bett gegangen sind, schlüpft Philipp ins Zimmer.

Leo liegt im Bett und starrt an die Decke. „Kannst du nicht anklopfen?“

„Nein“, sagt Philipp.

„Was willst du?“

Philipp schließt leise die Tür hinter sich. Am Rahmen bleibt er stehen. „Ich will dir sagen, dass die Sache für dich gelaufen ist. Ich möchte dich nicht mehr auf der Baustelle sehen.“

„Mir egal“, sagt Leo.

„Versprich mir, dich ab jetzt fernzuhalten“, erwidert Philipp scharf. „Verstanden?“

„Ich verspreche gar nichts", sagt Leo. „Und du hast mir nichts zu befehlen."
Philipp schaltet auf besorgter großer Bruder um.
„Das hat nichts mit unserem Streit zu tun. Kapier einfach, dass du noch zu klein bist, um dich da herumzutreiben. Wenn dir da was passiert, würde ich mir ewig Vorwürfe machen!"
„Ich denke, da kann nichts passieren?"
„Murat und mir nicht. Und wenn wir dabei sind, kann auch dir nichts passieren. Aber wir nehmen dich nicht mit. Und so eine Baustelle ist nun mal kein Ort für Grundschulkinder. Also versprichst du mir jetzt, dass du nicht mehr hingehst. Und dass du nichts nachzumachen versuchst, was irgendwie mit der Bungee-Anlage zu tun hat."
„Ich verspreche gar nichts." Leo setzt sich angriffslustig im Bett auf. „Außerdem mache ich dir nichts nach. Höchstens vor."
„Wie bitte?" Philipp macht absichtlich ein ungläubiges Gesicht.
„Ja, du hast richtig gehört. Alles, was du kannst, kann ich schon lange. So ein kleiner Sprung mit Seil in einen Haufen Sand ist doch kein Ding. Am besten, ich zeig dir mal, wie's geht, und geb dir ein paar Tipps."

„Wie bitte?!“

Leo beobachtet zufrieden, wie aus Philipps Überheblichkeit Ärger wird, und fährt fort, dick aufzutragen: „Du traust dich so was ja gar nicht. Du hast dir doch schon im ersten Stock fast in die Hosen gemacht. Ich habs ja gesehen. Ich würde eher als du springen. Ist doch ganz klar. Würde mir großen Spaß machen.“

„Jetzt reichts aber!“, zischt Philipp und beugt sich vor. „Pass bloß auf.“ Seine Stimme hüpft auf und ab wie ein bockiger Esel und seine plötzliche Fürsorglichkeit ist genauso plötzlich wieder verschwunden. Einen Moment lang sieht es so aus, als wollte er zum zweiten Mal an diesem Abend auf Leo losgehen. Der hebt beschwichtigend die Hände.

„Keine Angst, ich mache nicht mehr mit. Werdet doch glücklich mit eurer Hopserei.“

Philipp starrt seinen kleinen Bruder mit finsterem Gesicht an. Leo macht sich auf eine wüste Beschimpfung gefasst. Aber Philipp zischt nur: „Vergiss nicht, Klon:

5. Fall: Warum wird Philipp plötzlich so fürsorglich?

Philipp hat ein schlechtes Gewissen.

– – – .

Kein Wort darüber zu irgendwem! Sonst setzt es was!“ Dann schlüpft er zur Tür hinaus.
„Gut, großer Vormacher“, murmelt Leo. „Du meinst, du bist mich los. Bist du aber nicht. Du wirst nämlich von mir eine Vorführung bekommen. Mal sehen, ob du dich traust, sie nachzumachen ...“
Leo fängt an sorgfältig nachzudenken. Wie kann er seine Vorführung hinkriegen, ohne dass Philipp die Vorbereitung mitbekommt? Ob Simon dabei helfen könnte? Wozu hat man schließlich einen besten Freund? Aber Simon wird es doch schon schwindelig, wenn er zwei Treppenstufen hochsteigen soll ...
Eins jedenfalls ist Leo klar: Er muss unbedingt üben. Und dazu muss das Seil an die richtige Stelle. Und zwar so schnell wie möglich.
Aber wo kann er ein Seil herbekommen? Und wie kann er's befestigen? Der Gedanke, hoch oben auf dem Stahlträger zu balancieren wie auf einem Hochseil und am äußersten Ende einen ausreichend festen Knoten zu knüpfen, jagt Leo kalte Schauer über den Rücken. Unglaublich, dass Murat so etwas

---

Philipp wendet eine neue Masche an.

•

Er hat echt Angst um Leo.

•••–

nichts ausmacht. – Murat! Genau, Murat …
Leo liegt noch lange wach.

Am nächsten Nachmittag schaut Leo auf dem Platz vorbei, wo Murat und seine Freunde oft Basketball spielen. Er weiß, dass Philipp heute nicht dabei ist. Er ist mit der Mutter unterwegs, um Schuhe zu kaufen. Seine Füße wachsen so schnell, dass er dauernd neue braucht.
„Hey, Löwe, mach mal'n Dreier!“, ruft Murat und wirft Leo den Ball zu. Leo versucht es und der Ball prallt immerhin auf die Kante des Korbrings.
„Kann ich dich mal sprechen?“, fragt Leo. „Allein?“
„Kleine Pause, Jungs“, ruft Murat seinen Mitspielern zu. „Ich werde gebraucht.“

Ein paar Meter abseits fragt er: „Was gibts? Immer noch Stress mit Philipp? Der meint das nicht so, verstehst du? Er ist schon in Ordnung, Mann. Wir werden alle mal nervös, oder?“
„Er will mir verbieten, beim Springen mitzumachen“, sagt Leo.
Murat klopft ihm auf die Schulter. „Hey, Mann, du weißt doch, ich habe sogar zwei ältere Brüder! Was meinst du, was die mir alles verbieten. Da musst du durch, Keule. Dafür beschützen ältere Brüder einen aber auch, verstehst du?“
„Deine vielleicht“, sagt Leo. „Aber die nennen dich garantiert nicht Klon. Und die behaupten bestimmt auch nicht dauernd, du würdest sie nachmachen.“
Murat nickt. „Weiß auch nicht, was da mit Philipp los ist. Meine Brüder wollen immer, dass ich so werde wie sie. Das finden die großartig. Und mein Vater freut sich, wenn ich so werde wie er. Ist doch normal. In dem Punkt ist Philipp eben nicht normal. Jeder hat einen schwachen Punkt, verstehst du?“
„Schon klar.“ Leo winkt ab. „Ich habe mich jedenfalls ziemlich darauf gefreut, verstehst du?“
„Hm“, macht Murat.
„Aber wenn ich schon nicht mitmachen kann, will ich wenigstens zugucken. Von mir aus heimlich, wenns

nicht anders geht. Von weitem oder so. Sieht doch garantiert großartig aus, so ein Sprung. Na ja, und deshalb wollte ich dich fragen, ob du … ob du mir wenigstens Bescheid sagen könntest, wann ihr loslegt. Philipp kann ich ja schlecht fragen.“

Murat denkt kurz nach. Dann sagt er. „Morgen.“

„Morgen schon?!“ Leo durchfährt ein heftiger Schreck.

„Klar, Mann, wieso denn nicht? Ich kanns gar nicht abwarten, Philipp die Anlage vorzuführen!“

„Aber … aber … was ist denn mit dem Seil?“

„Das hängt schon.“

„Wie … wie hast du das denn geschafft?“, fragt Leo und denkt an die vielen Arbeiter, die tagsüber auf der Baustelle sind.

Murat grinst. „Ich habs einfach gestern Abend drangemacht. Ihr wart wahrscheinlich noch mitten im Pizzakrieg.“

„Morgen schon“, denkt Leo. „Dann habe ich ja nur noch heute Zeit zum Üben. Nur noch jetzt sofort …“

„Ist irgendwas nicht in Ordnung?“, fragt Murat. „Du guckst wie'n Sandmännchen!“

„Nein, nein“, sagt Leo schnell. „Alles ok. Ich hab nur gedacht, das fällt doch bestimmt einem Arbeiter auf, und dann nimmt er das Seil wieder ab!“

Murat schüttelt den Kopf. „Das fällt überhaupt nicht auf. Und wenn einer von den Maurern das Seil bemerkt, denkt er bestimmt, es gehört dahin."
„Kommst du noch mal wieder, Murat?", ruft einer von den Basketballern herüber.
„Entspann dich, Keule. Bin schon unterwegs!" Murat wendet sich noch einmal Leo zu. „Wars das?"
„Eine Frage noch", sagt Leo. „Wie bist du eigentlich so total schwindelfrei geworden?"
„Keine Ahnung." Murat lacht. „Ist einfach so bei mir."
Dann läuft er zu seinen Freunden zurück.

5. Der Absprung

Leo wartet nervös am Bauzaun. Immer wieder schaut er auf die Uhr. Wann verschwinden die Arbeiter endlich? Die Zeit läuft davon. In einer halben Stunde gibts schon Abendessen. Und es ist nicht daran zu rütteln: Diese kümmerliche halbe Stunde ist die einzige Trainingsgelegenheit.
Endlich! Kaum hat der Polier das Baustellentor hinter sich geschlossen und mit einem Vorhängeschloss gesichert, steht Leo im zweiten Stock des Rohbaus und schaut auf das Seil. Das lose Ende hat Murat ins Gebäude hineingezogen und mit einem Ziegelstein beschwert. Der Platz, an dem er sich über die Bodenkante hinaus in die Luft schwingen will, ist wie an den Tagen zuvor durch ein paar Bretter gesichert. Leo entfernt sie und schaut erst nach unten, als der Weg frei ist. Der Sandhaufen liegt als kleiner, heller Klecks tief unter ihm. Unwillkürlich tritt Leo zwei Schritte zurück. Dann ergreift er das Seil. Vorsichtig späht er in die Tiefe. Er schließt die Augen und zählt.
„Eins, zwei, drei!" Und verharrt.
„Eins, zwei, drei!" Leo rührt sich nicht.
„Eins, zwei, drei!" Leo steht.
Irgendwann schaut er auf die Uhr.

Die halbe Stunde ist längst vorbei. Er wird wieder zu spät zum Abendessen kommen.
Leo rennt den ganzen Weg nach Hause. Verschwitzt kommt er an. Seine Eltern empfangen ihn mit strengem Gesicht.
„Junge, wo warst du so lange?“, fragt Leos Vater. „Ich hoffe, du hast eine gute Erklärung.“
„Wir haben angefangen, uns Sorgen zu machen!“, klagt die Mutter. „Ich habe schon bei Simon angerufen!“
„Ich war mit ein paar anderen auf dem Basketballplatz“, keucht Leo.
Sein Vater zieht die Stirn in abgrundtiefe Falten.
„Allmählich solltest du begriffen haben, dass dein Zeitgefühl nichts taugt.“

„Es kommt nicht wieder vor“, verspricht Leo und schielt verstohlen zu Philipp hinüber. Er erwartet fiese Bemerkungen. Aber sie kommen nicht. Sein Bruder hält sich völlig raus. Entweder er verstellt sich oder er ist mit den Gedanken woanders.
Die Brüder ziehen sich so bald wie möglich in ihre Zimmer zurück.
Als die Mutter ihrem älteren Sohn später Gute Nacht wünscht, findet sie ihn lesend auf dem Bett vor. Das ist nicht außergewöhnlich. Außergewöhnlich ist sein Buch. Es ist kein Fantasyroman. Es stammt aus ihrem Regal. Es heißt: ‚Flugangst erfolgreich bezwingen’. Philipp klappt es rasch zu, doch die Zeit reicht nicht mehr, es zu verstecken. So hält er es noch in der Hand, als sie ans Bett tritt. Sie schaut erstaunt auf den Titel.
„Ich wusste gar nicht, dass du auch Flugangst hast, mein Großer.“
„Hab ich nicht. Ist für die Schule. Referat in der Technik-AG.“
„Ach so. Aber denk auch mal an den Feierabend. Und schlaf gut, ja?“
„Du auch, Mama.“

„Erstaunlich, womit sich die Schüler in der siebten Klasse heutzutage so befassen“, denkt die Mutter.
Der Vater schaut währenddessen bei Leo hinein. Er findet ihn am Schreibtisch. Vor ihm liegen ein paar Blätter, neben ihm ein Stapel Lexika. Leo hält den Stift in der rechten Hand. Die Blätter deckt er unwillkürlich mit dem linken Arm ab.
„Du schreibst noch?“, fragt der Vater erstaunt.
„Noch ’n paar Hausaufgaben“, sagt Leo.
„Bisschen spät, oder?“
„Vorarbeit. Muss ich morgen noch nicht fertig haben.“
„Sand“, entziffert der Vater Leos Schrift.
„Lockergestein aus Mineralkörnern = häufig Quarz. Man unterscheidet Fluss-, Schwemm- und Seesand (Wassertransport) und Flug-, Dünen- und Wüstensand (Windtransport).“ Der Vater schaut Leo anerkennend an. Leo lächelt etwas schief und der Vater liest weiter: „Bungee-Jumping. Sprünge aus großer Höhe an einem Seil (normalerweise elastisch). Früher mal Mutprobe und Männlichkeitsritus bei Urvölkern (z. B. Papua-Neuguinea, Afrika, auch Australien, Neuseeland). Kam von Amerika aus nach Europa. Jetzt Trendsportart. – Gibts da irgendeinen Zusammenhang?“, erkundigt sich der Vater.
„Wie meinst du das?“

„Na, einen Zusammenhang zwischen Sand und Bungee-Jumping."
„Nee", sagt Leo und zeigt auf die Lexika. „Wir sollen einfach ein paar Begriffe nachschlagen und so gut wie möglich mit eigenen Worten erklären."
Der Vater klopft Leo auf die Schultern. „Aber jetzt mach mal Schluss für heute, oder?"
„Okay", sagt Leo und gähnt ausgiebig. „Gute Nacht."
„Gute Nacht."
„Erstaunlich, was die in der vierten Klasse heutzutage so machen", denkt Leos Vater und geht. Er hat keine Ahnung, dass er selbst den Anstoß für Leos Aufzeichnungen gegeben hat. „Wenn man sich vor etwas fürchtet, sollte man es erklären", hat er seinen Söhnen schon mehrmals geraten. „Hat man eine Sache erst gründlich analysiert, verliert sie jeden Schrecken."

„Wie siehts aus?", fragt Simon am nächsten Tag zu Schulbeginn. „Gibts was Neues in Sachen Bungee?"
„Abgesagt", sagt Leo. Simon lächelt.

6. Fall: Wie heißt das Buch, in dem Philipp liest?

Flugangst erfolgreich bezwingen

•–••

Am Nachmittag läuft Leo in seinem Zimmer auf und ab. Simon ruft an und will sich mit ihm treffen.

„Habe leider keine Zeit“, sagt Leo. „Ich muss … ähm … noch ranklotzen.“

„Aber wir haben doch gar keine Hausaufgaben auf“, erwidert Simon.

„Muss zu Hause helfen. Meiner Mutter. Beim … Fensterputzen.“

„Wie bitte?“

„Ich bin zweimal zu spät zum Abendessen gekommen. Deswegen, verstehst du? Tut mir leid. Tschüss, bis morgen.“ Leo legt auf.

Am anderen Ende der Leitung schaut Simon verdutzt auf den Hörer.

Er versteht gar nichts. Von solchen Strafen hat er in Leos Familie noch nie etwas gehört.

Endlich ist es kurz vor fünf. Die Zeit, wo die Arbeiter Feierabend machen.

Philipp ist längst fort. „Ich bin bei Murat“, hat er gesagt. Klar.

Flugangst
schnell abbauen

– – ·

Flugangst
erfolgreich überwinden

– ·

Leo muss sich beeilen, sonst kann er ihnen nicht zuvorkommen. Dann würde nicht er Philipp eine Vorführung geben, sondern wieder einmal Philipp ihm. Wenn er aber schnell genug da ist, langt die Zeit vielleicht doch noch für einen Probesprung.

Als die Arbeiter das Gelände verlassen, wartet Leo längst am Absperrgitter. Er huscht zum Rohbau.

Er klettert die Gerüstleitern hinauf. Im ersten Stock zögert er kurz. Vielleicht ein Probesprung von hier? Nein. Wer die Latte zu niedrig legt, scheitert am schnellsten. Ganz oder gar nicht. Leo betritt den Rohbau im zweiten Stock. Er horcht. Schritte? Ist er nicht allein?

Leo schaut sich um. Nichts.

Ein Tropfen löst sich von der Decke und platscht in eine Pfütze auf dem Boden. Der nächste folgt einen Augenblick später.

Leo tritt an die Sprungkante und entfernt die Sicherungsbretter. Er schaut nach unten. Mann, ist das hoch. Der Sandhaufen ist noch mehr geschrumpft. Baggerschaufeln haben große Löcher hineingebissen. Das Seil liegt bereit.

Leo lässt es prüfend durch die Hände gleiten. Dann ergreift er es fest mit beiden Händen, nimmt Anlauf und rennt los.

Plötzlich steht jemand im Weg.
Leo bremst scharf ab und vermeidet im letzten Moment einen heftigen Zusammenprall. Das Hindernis ist sein Bruder. „Hallo, Leo."
„Was, was … was soll das?!" Leo schnappt nach Luft und sucht gleichzeitig nach Worten. „Wie … was machst du denn schon hier?!"
„Ich wollte noch ein bisschen üben." Philipp schaut zur Seite. „Genau wie du."

Der Bruder greift mit beiden Händen nach dem Seil.
Leo fasst unwillkürlich fester zu.
„Leo!“, ruft eine Stimme von unten. „Leo, bist du da oben?!“
„Der auch noch“, seufzt Leo.
„Du bist da irgendwo!“, ruft Simon und beginnt den Sandhaufen zu erklimmen. „Ich weiß das genau! Spring nicht! Es ist viel zu gefährlich!“
„Mhm“, knurrt Philipp und Leo fragt sich, ob das ‚Richtig!‘ oder ‚Quatsch!‘ oder etwas dazwischen bedeutet.
Leo schaut auf das Seil und auf die vier Hände, die es halten.
Dann lässt er es los.
Philipp befördert den Strick nach draußen. Einen Augenblick später pendelt er ins Leere.
Der große Bruder legt Leo eine Hand auf die Schulter und deutet nach hinten, wo die Gerüstleitern sind. Die beiden machen kehrt und steigen nach unten. Simon wartet im Erdgeschoss auf sie.

7. Fall: „Das hier ist schlimmer als eine Dokusoap.“ In welchem Kapitel steht der Satz?

4. Der Vormacher

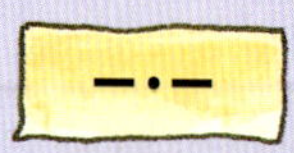

Als Murat auftaucht, findet er die drei auf dem Sandhaufen. Sie liegen lang ausgestreckt auf dem Rücken und betrachten den Himmel.

„Hey, was ist denn hier los?“, ruft er. „Große Meditationsversammlung oder was?!“

„Machs dir gemütlich“, sagt Philipp und deutet neben sich.

„Seid ihr etwa schon gesprungen?!“ Murat schaut verblüfft auf das Seil, das wie ein Lot über ihnen hängt. „Ohne mich?!“

„Mhm“, macht Leo.

„Und?“, fragt Murat mit leuchtenden Augen. „Wie wars?“

„Großartig“, sagt Leo. „Aber irgendwann wurde es langweilig.“ Er beginnt zu kichern. Einen Moment später prusten Philipp und Simon los. Murat betrachtet die anderen verwundert. Dann lacht er mit, weil es ansteckend ist und weil es schon einen Grund dafür geben wird.

5. Der Absprung

— — • —

3. Der Nachmacher

•

Was sagst du dazu?

1. Wenn dir jemand etwas nachmacht – freut dich das oder ärgert es dich?

2. Was meinst du? Warum haben sich Philipp und Leo so gestritten?

3. Bungee-Jumping ist ein riskanter Sport. Was glaubst du, warum manche Leute ihn trotzdem gerne ausüben?

4. Weißt du, was eine Mutprobe ist? Was hältst du davon?

5. Ist Simon deiner Meinung nach ein Schisser? Begründe deine Meinung.

6. Nach dem Schluss der Geschichte kommen Philipp und Leo einträchtig vereint nach Hause. Ihre Eltern wundern sich. Was könnte der Vater sagen? Was die Mutter? Schreibe es auf!

7. Es gibt viele Dialoge in diesem Buch. Welcher gefällt dir am besten?

Hast du Lust, uns eine deiner Antworten zu schicken?
Als Dankeschön verlosen wir unter den Einsendern zweimal jährlich tolle Buchpreise aus unserem aktuellen Programm! Eine Auswahl der Einsendungen veröffentlichen wir außerdem auf unserer Homepage www.lesedetektive.de.

Wenn du alle Fälle im Buch richtig gelöst hast, kannst du hier das Lösungswort eintragen:

___ A ___ ___ ___ ___ ___ L ___

1. (–) 2. 3. 4. 5. 6. (–) 7.

Gefunden!
Knote den Streifen einfach
an das Lesebändchen an
und fertig ist dein Morsealphabet!
Neben jeder richtigen Antwort im Buch
steht ein Morsezeichen, das du im
Alphabet wiederfindest. Setze nun auf
der letzten Seite die Buchstaben
zum Lösungswort zusammen.